A quien alguna vez haya sufrido acoso:
Recuerda que tu sonrisa es tuya y solo tuya.
No dejes que nada ni nadie te la quite.

A Patricia y Paula,
no os olvidéis NUNCA de seguir soñando con los «angelotes»
y de que el tío Juanqui SIEMPRE os echa de «más».

LA HISTORIA
DE GLORIA
ZANAHORIA

JUAN CARLOS PRIETO MARTÍNEZ

Ilustrado por Paola Molano

I

EL DÍA QUE GLORIA NACIÓ

En un lugar de este mundo
De cuyo nombre me acuerdo
Una niña fue alumbrada
Entre algodones y afecto:

Fue una tarde muy fría
De finales de diciembre
Cuando nacía un bebé
Con la piel como la leche

Sus papás al ver sus ojos
Y su cara sonriente
Elegir cómo llamarla
Pareció ser evidente

A su madre una vez
Una historia le contaron
Sobre la felicidad
Y los nombres que llevamos

Por eso tuvieron claro
Según su etimología
Ponerle el nombre de Gloria
Que significa «alegría»

II
¿DÓNDE ESTÁ MI PELO?

Fue creciendo muy feliz
Con una peculiaridad
Tenía ausencia de pelo
Pero a ella le daba igual:

Gloria era una niña
Sin cabello en la cabeza
Larga como una serpiente
Y carita bien risueña

Las noches se las pasaba
Dormidita como un tronco
Y por el día jugaba
Con sus osos amorosos

Estuvo más de dos años
Calva como una cebolla
Aunque eso no le importaba
Pues pensaba en otras cosas

Gloria se sentía guapa
Aun no teniendo melena
Incluso fantaseaba
Con llegar a ser princesa

III

LA VISITA AL DOCTOR

Al pasar unos tres años
Y tras varias revisiones
Visitaron a un experto
En niños que son pelones:

Sus papás muy preocupados
Fueron al especialista
«¿Cuándo le crecerá el pelo
A nuestra única hija?»

El doctor bien extrañado
Les recetó una pomada
Y con voz muy contundente
Les pidió que la probaran

Era antes de dormir
Cuando su padre extendía
Un poquito de esa crema
Por toda la cabecita

Una vez que terminaba
Gloria pronto se dormía
Para seguir con sus sueños
De reinas y hadas madrinas

IV

EL UNGÜENTO MÁGICO

Tras usar esa pomada
Se vio algo raro en su calva
Sus papás aún no sabían
Si era vello o una mancha:

Pasadas unas semanas
Algo rojo se veía
Saliendo tímidamente
Por toda la coronilla

En un principio pensaron
Que era una irritación
Pero luego adivinaron
Que era otra la explicación

Empezaba a verse pelo
Asomando en su cabeza
La loción fue todo un triunfo
Y pronto tuvo cabellera

El mechón le fue saliendo
Con rapidez asombrosa
Y a los días confirmaron:
¡Gloria era pelirroja!

V

LA NIÑEZ DE GLORIA

Gloria era bastante alta
Más que todos sus amigos
Soñaba con ser princesa
Y habitar en un castillo:

Y así Gloria fue estirando
Mucho más de lo normal
Pues medía metro y pico
A los cuatro años de edad

Era una niña delgada
Y tranquila como el mar
Tenía pecas en la cara
Y la piel como la cal

El día de su cumpleaños
Celebraba una gran fiesta
Y llevaba una corona
Adornando su cabeza

Su felicidad cambió
Cuando cumplió los seis años
Porque al comenzar primaria
Quisieron hacerle daño

VI

EL DÍA QUE GLORIA CAMBIÓ

Todo era alegría
Hasta que un día en la escuela
Un alumno de su clase
Quiso reírse de ella:

Fue una vez en el colegio
Al salir a la pizarra
Que un niño intentó burlarse
De su pelo y de su falda

Tras oír el comentario
Se puso como un tomate
Y sin terminar la resta
Prefirió ir a sentarse

Al volver a su pupitre
Vio una nota bien doblada
Encima de su libreta
Que a ella iba dedicada

El papel llevaba escrita
Una frase maliciosa
Que decía en letras rojas:
«Para Gloria Zanahoria»

VII

LA NOTA CRUEL

El mensaje contenía
Una rima muy hiriente
Y Gloria no comprendía
Por qué hacía eso la gente:

Tras leer lo que ponía
Gloria se puso a llorar
La maestra no entendía
Por qué era en realidad

Preguntó qué le ocurría
Y no sabía qué contar
Le dijo que estaba enferma
Y que avisara a su mamá

Al llegar su madre al cole
Y ver lo triste que estaba
Supo que algo había ocurrido
Y Gloria prenda no soltaba

Cuando se metió en el coche
No paró de suspirar
Y expresó que no quería
A la escuela regresar

VIII

¡NO QUIERO LLAMARME GLORIA!

Gloria sentía por dentro
Una desdicha extraordinaria
Y no encontraba consuelo
En los consejos que le daban:

Nada más entrar en casa
En su cuarto se encerró
Y su madre angustiada
Le preguntó qué pasó

Fue cuando llegó su padre
Que salió del dormitorio
Y llena de amargura
Les contó el episodio

Confesó que en el colegio
La llamaron zanahoria
Y se le había quedado
Tatuado en la memoria

A partir de ese momento
No quiso llamarse Gloria
Para que no hicieran rimas
Y no inventaran historias

IX

¡ODIO EL COLEGIO!

Sus padres le sugirieron
Hablarlo con la maestra
Para así ponerle freno
Al asunto que le afecta:

Sus papás le hicieron ver
Que si el nombre se cambiaba
No se solucionaría
El disgusto que narraba

Que irían a la escuela
A la mañana siguiente
Para hablar con la tutora
Y contarle el incidente

Gloria dijo: «Yo no quiero
Pisar más ese colegio
Cuando tenga otro nombre
Volveré a clase de nuevo»

«Si mi nombre fuera otro
Y no me llamara Gloria
No me relacionarían
Con ninguna zanahoria»

X
NECESITO UN PLAN B

Para dejarse su nombre
Tuvo que idear otro plan
El rojo de su cabello
Se lo podría quitar:

Por la noche al acostarse
Gloria tuvo otra ocurrencia
Todo se resolvería
Con mechas amarillentas

«Si el tono de mi melena
No fuera el de una naranja
Nadie me compararía
Con una hortaliza larga»

Ya de día levantada
A su madre le contó
Que otra solución sería
Teñirse de otro color

Y su madre le insistía
Que esa no era la manera
De acabar con opiniones
Que la llenan de tristeza

XI

¡QUIERO SER RUBIA!

No tenía duda alguna
«Ya no seré pelirroja
Llevaré el pelo dorado
Que es lo que se me antoja»

«Si tuviera el pelo rubio
Sería una soberana
Y haría a cada segundo
Lo que me diera la gana»

«Los rayos del sol vería
Brillar en mi pelambrera
Y lo llevaría tan largo
Como el de mis muñecas»

«Por el día aprendería
A comer en condiciones
Y de noche asistiría
A los bailes más molones»

«No tendría que subirme
Nunca más en bicicleta
Montaría en un caballo
Blanco como mis calcetas»

XII

¡TAMBIÉN HAY PRINCESAS COMO TÚ!

Su mamá le hizo saber
Que existían tres princesas
Que tenían anaranjado
El color de sus melenas:

«Yo no creo necesario
Que para que seas princesa
Tengas que tener el pelo
Del color de las estrellas»

«En Marruecos justamente
Vive una mujer muy bella
Con el cabello rojizo
Dentro de la realeza»

«¿Y recuerdas la sirena
Conocida como Ariel
Que asimismo era princesa
Con ese color también?»

«Mérida es la tercera
Pelirroja y Escocesa
Que mostraba gran valor
Con su arco y con su flecha»

XIII

¡ADIÓS, PRINCESA!

Gloria de ninguna forma
Quería ese pelo naranja
Por lo que tuvo otra idea
Nuevamente equivocada:

Al ver que no funcionaba
Lo del cabello amarillo
Se lo tintaría oscuro
¡Lo tenía decidido!

«Si tuviera el pelo negro
Una maniquí sería
Y por una pasarela
Los vestidos mostraría»

«Consuelo "la modelo"
Todo el mundo me diría
Y no Gloria zanahoria
Que me quita la alegría»

Su mamá le repetía
Que se estaba equivocando
Que para hallar el remedio
Lo mejor era afrontarlo

XIV

NI RUBIA NI MORENA,
¡TENDRÉ EL PELO CASTAÑO!

No se daba por vencida
Y puso todo su empeño
Para que fuera castaño
En lugar de ser moreno:

Así que su último intento
Fue ponérselo marrón
Porque lo que no quería
Era ese rojo chillón

«Si mi pelo hiciera juego
Con mis ojos color pardo
Sería un hada madrina
Con la varita en la mano»

«Concedería deseos
A las niñas como yo
Como el color del cabello
Y qué quieren ser de mayor»

Su padre le reiteraba
Que lo que debía cambiar
No era el tono de su pelo
Sino la mentalidad

XV

DE VUELTA A LA ESCUELA

Gloria supo finalmente
Que para solucionarlo
Debía volver al cole
Y compartir su relato:

Cuando llegó la mañana
Con rostro de mucha pena
Después de desayunar
Gloria regresó a la escuela

Pero antes de entrar en clase
Habló con la directora
Y tras contar lo sucedido
Pasó a ver a otra señora

Lo que Gloria no sabía
Es que en todos los colegios
Hay personas que se encargan
De que no haya **acosamiento**

Si no logras deducir
Cuál es el significado
Te lo explica fácilmente
El próximo apartado

XVI

¡NO MÁS BULLYING!

Gloria descubrió ese día
Que en el mundo existe gente
Que se encarga de ayudarte
Si el daño viene a verte:

«El acoso se produce
Cuando una broma pesada
Es usada cruelmente
De manera reiterada»

«En cuanto escuches a alguien
Metiéndose con tu aspecto
Antes de que se repita
Cuéntaselo a tus maestros»

«El colegio no es un sitio
Al que se viene a insultar
Aquí se viene a aprender
Y ante todo a respetar»

«Así que no te preocupes
Que yo me encargo de todo
Hablaré con ese niño
Para parar el acoso»

XVII

¡YA SÉ QUÉ SERÉ DE MAYOR!

Aquello que de primeras
Le creó una gran herida
Al final le hizo saber
Lo que haría con su vida:

Al salir de esa oficina
En la puerta se fijó
Y vio un cartel muy grande
Que atrapó su atención

Gloria estaba sorprendida
De que una orientadora
Se encargara de que a nadie
Le hagan daño otras personas

En ese preciso instante
Se olvidó de ser princesa
Defendería a los niños
Que sufrieran como ella

A eso se dedicaría
Y cuando a secundaria entró
Se apuntaba a todo aquello
Que ofertaba Orientación

XVIII

GLORIA EN EL INSTITUTO

Gloria seguía cumpliendo
Su nuevo sueño de niña
Y se ofrecía en los recreos
A mediar si había riñas:

Al llegar al instituto
Gloria se hizo mediadora
Fomentando la armonía
Los problemas soluciona

Cada vez que había un conflicto
Entre algunos compañeros
Intentaba resolverlo
Llegando a un acuerdo

Gloria siempre fue una alumna
Estudiosa y aplicada
Y el esfuerzo se veía
Reflejado en sus notazas

Terminó bachillerato
Y fue a la universidad
A estudiar Psicología
Para a otros ayudar

XIX

¿QUÉ HABRÁ SIDO DE GLORIA?

Y te estarás preguntando
Qué habrá pasado con Gloria
Si su vida sigue siendo
Hoy por hoy satisfactoria:

Resulta que ahora Gloria
Ha hecho realidad su sueño
Porque es un hada madrina
Que hace cumplir los deseos

Solo tienes que buscarla
En el despacho de la esquina
Trabaja en la misma escuela
Donde estudiaba de niña

Si se pierde tu sonrisa
Por culpa de un compañero
Ve a verla a toda prisa
Que te espera con anhelo

Ya ninguno la recuerda
Como Gloria Zanahoria
Pues todo el mundo la llama

¡SUPERGLORIA, ORIENTADORA!

XX

EMPATE EN EMPATÍA

«Como ocurre a todo libro
Ha llegado el final
Pero te dejo un consejo
Para antes de acabar:»

«Y así termina este cuento
Espero haberte hecho entender
Qué importante es aceptar
A cada cual como es»

«Todo es mucho más sencillo
Practicando la empatía:
Yo me pongo en tu piel
Y tú te pones en la mía»

«Recuerda que solo tú
Eres quien manda en tu sonrisa
Es únicamente tuya
¡Dilo si alguien te la quita!»

«Y ya toca despedirnos
Te deseo que la vida
Haga realidad tus sueños
Y que goces de alegría»

Firmado: Gloria

PROPUESTA DIDÁCTICA

A continuación, se ofrecen unas actividades para ser realizadas antes, durante y después de la lectura, con el objeto de recrear los distintos aspectos del contenido de la obra y fomentar la creatividad.

La poesía como recurso didáctico en el aula

En pleno siglo XXI la poesía constituye uno de los géneros más importantes dentro de la literatura, entendida como la manifestación de la belleza o del sentimiento estético por medio de la palabra. Desde edades muy tempranas, el ser humano está habituado a escuchar los primeros versos en forma de nanas e incluso acompañados por música. Por este motivo, los profesionales de la educación contemplamos el disfrute y desarrollo de la poesía como un elemento didáctico, creativo y motivador en las aulas de Educación Infantil y Primaria.

Está demostrado que la poesía constituye un recurso fundamental para el proceso educativo del alumnado, pues contribuye al desarrollo integral de los niños y niñas a nivel físico, afectivo, social, emocional y cognitivo. Ellos y ellas muestran gran interés hacia las poesías ya que estas favorecen su pensamiento mágico y su creatividad.

La siguiente propuesta didáctica está dirigida a un alumnado principalmente de primaria, teniendo presente la diversidad del aula, y pretende conseguir un doble objetivo. El primero de ellos, el de dinamizar el proceso lector dentro del aula alrededor de esta historia compuesta por veinte poemas. El segundo, ofrecer al lector y a sus familias un contenido didáctico y formativo más allá de la lectura del libro.

Finalmente, cabe recordar unas palabras tan acertadas de la autora Gloria Fuertes que confirman mi teoría de que la poesía es un arma de construcción masiva, y el único arma que debería permitirse en las escuelas: «Un niño que crece con un poemario entre sus manos jamás tendrá un arma».

Propuesta didáctica para alumnado de primer ciclo de primaria

De manera oral, responde las siguientes preguntas:

1. Antes de empezar la lectura

1.1. Mirando la portada del libro contesta:

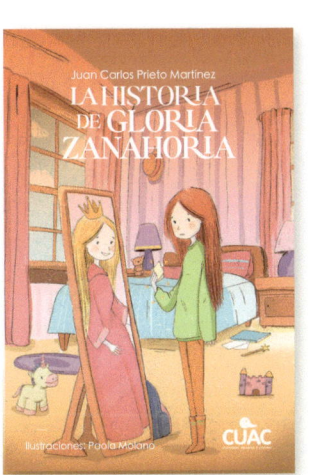

— ¿Qué veo?
— ¿Qué pienso?
— ¿Qué me pregunto?

1.2. ¿Crees que «Zanahoria» es el apellido de Gloria? ¿Por qué crees que se llama así la historia?

1.3. A modo de asamblea, en clase respondemos a las siguientes preguntas:

— ¿Qué sé de la historia?
— ¿Qué me gustaría saber de la historia antes de leerla?
— ¿Qué no sé de la historia?

2. Durante la lectura

2.1. ¿Por qué la protagonista del libro no quiere regresar a clase?

2.2. Di cómo intenta solucionar al principio del cuento el ser objeto de burla por parte de un compañero.

2.3. Describe de forma oral las tres ilustraciones que aparecen a continuación. Explica con tus propias palabras qué está pasando:

2.4. ¿Crees qué está bien que un compañero o compañera de clase se meta con el físico de una persona con el objetivo de hacer gracia? ¿Por qué? ¿Cómo crees que se siente la protagonista de la historia cuando esto sucede? ¿Qué habrías hecho tú si hubieras visto a un compañero o compañera en esa misma situación?

2.5. Haz un dibujo de tu capítulo favorito y explica a tus compañeros y compañeras por qué lo has elegido.

3. Al finalizar la lectura

3.1. Ahora que ya conoces al personaje principal del libro, vamos a describirlo brevemente. ¿Cómo es? ¿Qué le gusta? ¿Cuáles son sus aficiones? ¿Qué rasgos físicos la identifican? ¿Qué obligaciones tiene? Procura completar la actividad sin releer el libro.

3.2. Haz un dibujo donde aparezcas tú de mayor. ¿Cómo te ves? ¿A qué te gustaría dedicarte? ¿Dónde te gustaría vivir?

3.3. ¿Te ha gustado el final de la historia? ¿Te hubiese gustado que terminara de una forma diferente?

3.4. Colorea el siguiente dibujo:

Propuesta didáctica para alumnado a partir de cuarto de primaria

De manera escrita en tu libreta, responde las siguientes preguntas:

1. Antes de empezar la lectura

1.1. Un poema de portada: Mirando la portada del libro utilizaremos la rutina del pensamiento «veo, pienso y me pregunto» para analizarla a continuación. Responde las siguientes preguntas: ¿Qué veo?, ¿qué pienso?, ¿qué me pregunto?

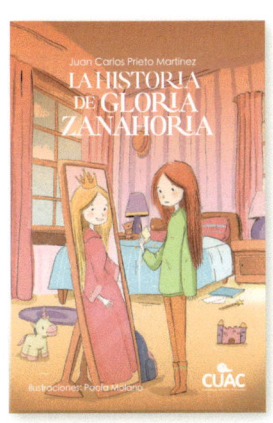

1.2. La historia de Gloria Zanahoria. Lee el título del libro y de manera individual escribe por qué crees que aparece la palabra «zanahoria». ¿Cuál crees que será el tema principal de la historia?

1.3. Lluvia de poesía: Lee la sinopsis del libro en la contraportada y junto al resto de tus compañeros y compañeras realiza una lluvia de ideas con todo aquello que esperas leer y encontrar dentro del libro.

2. Durante la lectura

2.1. ¿Cuáles son los sueños de Gloria cuando es una niña? ¿Cuáles eran los tuyos?

2.2. El diario de «Gloria Zanahoria»
En una tabla, iremos apuntando qué va ocurriendo

en cada capítulo a medida que vamos avanzando en la lectura de la historia.

Dibuja una tabla en la que haya tres columnas: en la primera columna, anota el número y el nombre de cada capítulo; en la segunda, anota los personajes que aparecen; en la tercera, escribe un breve resumen del capítulo.

2.3. Escribe una «d» delante de «escribe» y describe con tus palabras qué está pasando en las tres ilustraciones que aparecen a continuación:

2.4. Empate en empatía (yo me pongo en tu piel y tú te pones en la mía)

2.4.1. ¿Crees qué están bien las burlas de su compañero? ¿Por qué?

2.4.2. ¿Cómo crees que se siente la protagonista de la historia?

2.4.3. ¿Qué habrías hecho tú si hubieras visto a un compañero o compañera en la misma situación que Gloria?

3. Al finalizar la lectura

3.1. ¿Cómo es la protagonista?
Ahora que ya conoces al personaje principal del libro, vamos a describirlo brevemente. ¿Cómo es? ¿Qué le gusta? ¿Cuáles son sus aficiones? ¿Qué rasgos físicos la identifican? ¿Qué obligaciones tiene?
Procura completar la actividad sin releer el libro.

3.2. ¿Cuál es tu capítulo favorito y por qué?

3.3. ¿Alguna vez has experimentado el sentimiento que describe la protagonista al principio de la historia?

3.4. Haz un dibujo donde aparezcas tú con veinte años más. ¿Cómo serías físicamente? ¿A qué te gustaría dedicarte? ¿Dónde te ves viviendo?

3.5. Lee los versos que presentamos a continuación y explica, con tus palabras, qué quiso decir el autor en ellos.

Su padre le reiteraba
Que lo que debía cambiar
No era el tono de su pelo
Sino la mentalidad

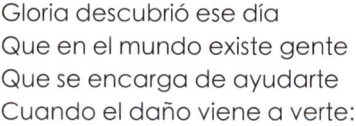

Gloria descubrió ese día
Que en el mundo existe gente
Que se encarga de ayudarte
Cuando el daño viene a verte:

Cada vez que había un conflicto
Entre algunos compañeros
Intentaba resolverlo
Llegando a algún acuerdo

Todo es mucho más sencillo
Practicando la empatía:
«Yo me pongo en tu piel
Y tú te pones en la mía»

3.6. Con una mora y una leja se forma una moraleja: Como sabes, todos los cuentos suelen tener una moraleja al final de la historia. Escribe cuál es según tú la lección aprendida tras haber finalizado la lectura de este poemario.

3.7. El final alternativo: Escribe otro final para la historia (intenta hacerlo en forma de verso, es decir, un poema corto).

3.8. ¿Sabías que el día 2 de mayo se celebra el Día Internacional contra el Bullying o el Acoso Escolar? ¿Cuál crees que es la finalidad de esta celebración?

3.8.1. ¿Sabrías escribir cuál es exactamente el significado de la palabra *bullying*? Si no lo sabes, busca su definición en el diccionario.

3.8.2. Una vez que sepas lo que significa la palabra bullying, escribe de qué manera habrías afrontado tú la situación al recibir burlas de otros niños o niñas de forma reiterada.

3.9. ACTIVIDADES SOBRE *BULLYING*:

3.9.1. Los gorros de la empatía

En primer lugar, se deben hacer los siguientes sombreros de papel:

Rojo: Agresores

Naranja: Víctima

Amarillo: Observadores que no hacen nada

Verde: Observadores que quieren ayudar (empáticos)

Se divide la clase en grupos por cada color de sombrero y se les lee un caso determinado, que puede ser el del cuento.

Cuando ya están en grupos, se le da a cada miembro su gorro, tienen que ponerse en la piel del personaje que les ha tocado y responder a las siguientes preguntas:

Rojo: Agresores

¿Qué piensa un agresor?

¿Qué consigue/n tratando mal a otra persona?

¿Qué emoción o emociones tiene un agresor?

¿Cómo se te podría ayudar a mejorar?

Naranja: Víctima

¿Qué piensa una víctima?

¿Qué consigue/n guardando silencio?

¿Qué emoción o emociones tiene una víctima?

¿Cómo se te podría ayudar a mejorar?

Amarillo: Observadores que no hacen nada

¿Qué piensa un observador que no actúa?

¿Qué consigue/n sin actuar?

¿Qué emoción o emociones tiene un observador que no actúa?

¿Cómo se te podría ayudar a mejorar?

Verde: Observadores que quieren ayudar (empáticos)

¿Qué piensa un observador que quiere ayudar?

¿Qué consigue/n cuando ayuda/n?

¿Qué emoción o emociones tiene un observador que actúa?

¿Cómo se te podría ayudar para mejorar la situación?

Una vez que acaba el trabajo en grupo, un representante de cada grupo debe salir con el gorro y explicar a los demás las respuestas a las preguntas.

Se recogerá en la pizarra o en pósits qué propuestas hay para ayudar a cada uno de los actores (un folio por actor). Se permitirá al gran grupo hacer más propuestas a cada uno de los actores si creen que falta alguna.

Se deja puesto el panel en clase con la ayuda para cada actor del caso.

3.9.2. Mensajes positivos

Se reparten tarjetas de colores a cada miembro de la clase y se les pide que pongan en el papel el mensaje que le darían a una persona que esté sufriendo en su clase.

Después, se ponen todos los mensajes bocabajo en una mesa grande y se les dice que vamos a invocar al universo para que cada uno de ellos coja uno de los mensajes y que sea precisamente el que necesita tener ese día. Se pone una música (por ejemplo, «Hay un amigo en mí» de *Toy Story*) y van saliendo a coger uno de los mensajes al azar.

Más tarde, se leen todos los mensajes que han cogido o se da la opción de que lo lea quien quiera. Esta actividad puede hacerse en grupo y dejar en pósits puestos en clase todos los mensajes positivos que seamos capaces de crear, ya que tenerlos a la vista puede ayudar a mejorar el ambiente de la clase.

3.9.3. Creatividad para resolver problemas

Reto que resolver: ¿Cómo acabar con el *bullying*? o ¿Cómo luchar contra el *bullying*?

1.ª FASE: Se reparten varios pósits a cada miembro del grupo y se les pide que pongan todas las ideas que tienen para acabar con el *bullying*, una en cada pósit (queda muy bonito si los pósits son de colores variados).

Es bueno en esta fase fomentar el pensamiento divergente para que pongan todas las ideas posibles, aunque sean absurdas o locas, nada se rechaza. Se van levantando y poniéndolas en una pared del aula.

2.ª FASE: De pie, por grupos de cinco, van saliendo a revisar todas las ideas y en esta fase cada uno selecciona una de las que hay y la pone en otra pared. El criterio de selección es que sea una idea que puedan llevar a cabo ellos.
Ahora ya sí que vamos a buscar el pensamiento convergente.

3.ª FASE: Volver a salir de cinco en cinco para descartar por acuerdo de los cinco aquella idea que no es respetuosa o que no se pueda llevar a cabo.

Al finalizar la actividad, se haría un mural con todas las ideas que han surgido para resolver este problema y se pone en la clase.

LA HISTORIA DE GLORIA ZANAHORIA

© Texto: Juan Carlos Prieto Martínez
© Ilustraciones: Paola Molano
© Propuesta didáctica: María Dolores Sánchez Illescas,
   David Salvador Sáez y Juan Carlos Prieto Martínez
© De esta edición: Kalosini, 2025

ISBN: 979-13-87620-60-8
Depósito legal: V-1086-2025
Impreso en España

KALOSINI, S. L.
Grupo editorial olé**libros**
equipo@olelibros.com
www.olelibros.com